Illustrations de couverture : Laurent Audoin, Gilles Frély, Hervé Le Goff, Pawel Pawlak.

HISTOIRES DU MONDE ENTIER

POUR APPRENDRE À LIRE

MILAN jeunesse

Sommaire

7 Anaël, la sorcière et le crocodile

Texte d'Agnès Bertron-Martin
Illustré par Hervé Le Goff

33 Petit-Glaçon l'enfant esquimau

Texte de Geneviève Huriet
Illustré par Pawel Pawlak

59 Une très, très grosse colère

Texte d'Agnès Bertron-Martin
Illustré par Gilles Frély

85 Un petit garçon trop pressé

Texte de Méli Marlo et Ernest Ahippah
Illustré par Pawel Pawlak

110 À toi de jouer!

Illustré par Laurent Audouin

 Les illustrations des marges sont de Laurent Audouin.

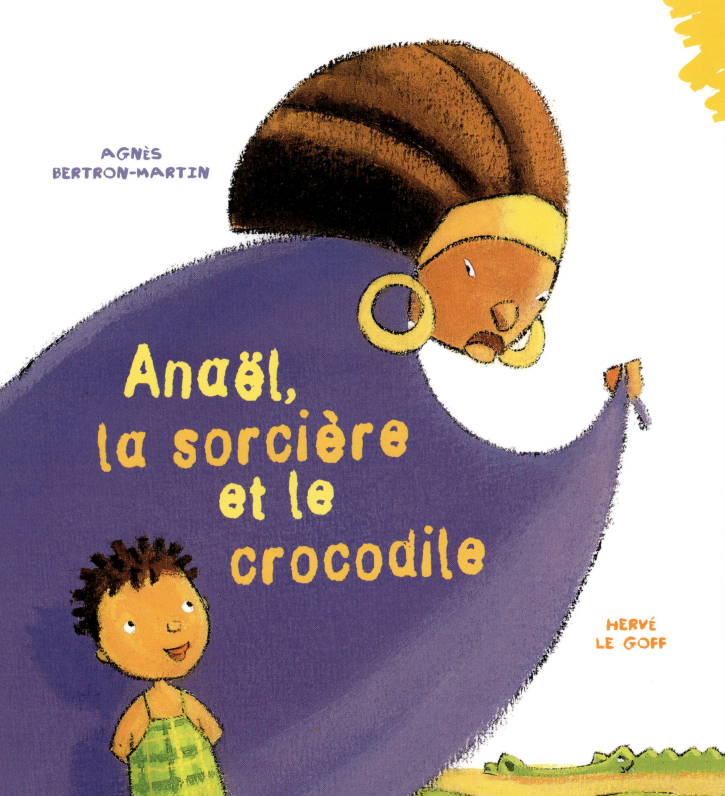

AGNÈS BERTRON-MARTIN

Anaël, la sorcière et le crocodile

HERVÉ LE GOFF

Anaël, la sorcière et le crocodile

Petit-Glaçon, l'enfant esquimau

Une très, très grosse colère

Un petit garçon trop pressé

À toi de jouer !

les personnages

Anaël

Braise d'Enfer,
la sorcière

Le crocodile

le lieu : les Antilles

le genre : conte

Anaël, la sorcière et le crocodile

Petit-Glaçon, l'enfant esquimau

Une très, très grosse colère

Un petit garçon trop pressé

À toi de jouer !

Anaël, la sorcière et le crocodile

Les maisons traditionnelles

case

yourte

igloo

tipi

Chapitre 1

Dans un village créole, vit une jolie doudou à la peau couleur de miel.
C'est Anaël.
Elle chante et danse toute la journée !

Les mots difficiles

Créole :
des Antilles.
Dans un village créole, vit une jolie doudou.

Doudou :
nom donné aux filles dans les Antilles.
Une jolie doudou à la peau couleur de miel.

Anaël, la sorcière et le crocodile

Petit-Glaçon, l'enfant esquimau

Une très, très grosse colère

Un petit garçon trop pressé

À toi de jouer !

Anaël, la sorcière et le crocodile

Les peuples du monde

Aborigènes
(Australie)

Himbas
(Afrique)

Touaregs
(Maghreb)

Papous
(Océanie)

Sa joie rend folle de colère Braise d'Enfer, la sorcière.
Alors, un jour, du bout de ses ongles griffus, Braise d'Enfer jette un sort à Anaël.

Aussitôt, Anaël se met à grandir et à grossir : elle devient large, très large, bien plus large qu'un orang-outan.

Elle devient grande, très grande,
bien plus grande qu'un palmier.
Anaël est devenue Anaël la Géante.

Les mots difficiles

Sort :
ici, tour de magie
pour faire du mal.
*Braise d'Enfer jette
un sort à Anaël.*

Orang-outan :
singe très gros
et très grand.
*Anaël devient bien plus
large qu'un orang-outan.*

Anaël, la sorcière et le crocodile

Petit-Glaçon, l'enfant esquimau

Une très, très grosse colère

Un petit garçon trop pressé

À toi de jouer !

Anaël, la sorcière et le crocodile

Les façons de manger

avec des couverts

avec des baguettes

avec la main

Pour rentrer dans sa case, elle doit ramper comme un caïman.

Ses bras dépassent par les fenêtres, ses jambes sont coincées dans la porte. Sa tête soulève le toit.

Elle n'a plus assez de place. Anaël doit quitter le village.

14

Mais Braise d'Enfer, la sorcière,
n'a pas changé son cœur joyeux.
Et Anaël, au lieu de pleurer sur
son sort, se dit : « C'est merveilleux
d'avoir la tête dans le ciel
et le monde à ses pieds. »
Elle part en chantant
et en dansant de son corps
de géante.

Elle enjambe
les rivières avec
ses jambes immenses.

Les mots difficiles

Case :
maison des pays chauds,
fabriquée avec de
la paille, de la terre,
des branches d'arbres…
*Pour rentrer dans
sa case, Anaël
doit ramper.*

Caïman :
sorte de crocodile.
*Anaël doit ramper
comme un caïman.*

Anaël, la sorcière et le crocodile

Petit-Glaçon, l'enfant esquimau

Une très, très grosse colère

Un petit garçon trop pressé

À toi de jouer !

Anaël, la sorcière et le crocodile

Les paysages du monde

savane

steppe

Elle traverse les mers de quelques battements de bras.

Elle saute à cloche-pied sur les montagnes et les vallées, sans jamais rien abîmer.

Quand la nuit commence à tomber,
Anaël a froid, elle est fatiguée.
Elle s'assied en haut d'une colline.
À ses pieds, elle voit une mer
de nuages gris.
Alors elle attrape les nuages
et elle les tire jusqu'à elle
pour s'en faire une couverture.
Et elle s'endort.

Anaël, la sorcière et le crocodile

Petit-Glaçon, l'enfant esquimau

Une très, très grosse colère

Un petit garçon trop pressé

À toi de jouer !

Anaël, la sorcière et le crocodile

Les coiffures du monde

tresses

crâne rasé

dreadlocks

18

Chapitre 2

Le lendemain, à son réveil, elle est entourée de gens contents. Ils ont escaladé la colline pour féliciter Anaël :
– Merci de nous avoir délivrés des nuages qui nous cachaient le ciel bleu.

Les mots difficiles

Escalader :
grimper.
Les gens ont escaladé la colline.

Anaël, la sorcière et le crocodile

Petit-Glaçon, l'enfant esquimau

Une très, très grosse colère

Un petit garçon trop pressé

À toi de jouer !

Anaël, la sorcière et le crocodile

Les instruments de musique

maracas

 djembé

 banjo

 crécelle

Anaël chante, Anaël rit d'avoir tous ces nouveaux amis, même s'ils sont tout petits.

Sa joie fait tant de bruit qu'elle rend folle de colère Braise d'Enfer, la sorcière. Alors, de ses ongles griffus, elle lui jette un nouveau sort.

Aussitôt Anaël rétrécit, rétrécit. Elle devient légère comme une fourmi, pas plus haute qu'un colibri. Anaël devient Anaël Riquiqui.

Ses amis ne la voient plus. Ils ont peur de l'écraser. Anaël doit s'en aller.

Les mots difficiles

Rétrécir :
devenir tout petit.
Anaël rétrécit.

Colibri :
minuscule oiseau au bec long et fin.
Anaël devient pas plus haute qu'un colibri.

Anaël, la sorcière et le crocodile

Petit-Glaçon, l'enfant esquimau

Une très, très grosse colère

Un petit garçon trop pressé

À toi de jouer !

Anaël, la sorcière et le crocodile

Les transports traditionnels

traîneau

cheval

vélo

charrette

Mais Braise d'Enfer, la sorcière, n'a pas changé son cœur joyeux. Et Anaël, au lieu de gémir sur son sort, se dit : « C'est merveilleux de pouvoir se faire un bateau avec une feuille qui flotte sur l'eau ! Quel plaisir de pouvoir se faire une maison dans une fleur qui sent bon ! »

Elle chante et elle danse de tout son corps riquiqui. Elle traverse la rivière sur une feuille d'hibiscus,

puis elle vole dans les airs sur le dos d'un martin-pêcheur.

Quand la nuit commence à tomber, l'oiseau la dépose et Anaël s'endort d'un seul coup dans de grandes herbes sombres.

Les mots difficiles

Hibiscus : petit arbre à grandes fleurs très colorées.
Anaël traverse la rivière sur une feuille d'hibiscus.

Martin-pêcheur : oiseau au plumage coloré.
Anaël vole sur le dos d'un martin-pêcheur.

Anaël, la sorcière et le crocodile

Petit-Glaçon, l'enfant esquimau

Une très, très grosse colère

Un petit garçon trop pressé

À toi de jouer !

Anaël, la sorcière et le crocodile

Les bijoux du monde

collier de cuir

 collier en os

chaîne de ventre

 bracelet de cheville

24

Chapitre 3

Quand elle se réveille, c'est la tempête dans les hautes herbes. Anaël doit **se cramponner**. C'est qu'elle est installée sur la tête de Braise d'Enfer, la sorcière !

Les mots difficiles

Se cramponner : se tenir très fort.
Anaël doit se cramponner.

Anaël, la sorcière et le crocodile

Petit-Glaçon, l'enfant esquimau

Une très, très grosse colère

Un petit garçon trop pressé

À toi de jouer !

Anaël, la sorcière et le crocodile

Les plats étonnants

riz aux guêpes frites
(Japon)

chenilles à la sauce tomate
(Afrique du Sud)

mygales décortiquées
(Amazonie)

vers blancs crus
(Pérou)

Mais Anaël ne pleurniche pas ! Elle trouve même très amusant de trottiner sur une sorcière : elle danse sur sa tête,

elle chante dans son oreille...

… et elle rit dans son cou.

Braise d'Enfer est folle de colère ! Elle essaye de capturer Anaël Riquiqui ! La sorcière s'énerve, elle se tire les cheveux, le nez et les oreilles !

Elle secoue sa tête comme une furie.

Les mots difficiles

Furie : femme très en colère.
Braise d'Enfer secoue sa tête comme une furie.

Anaël, la sorcière et le crocodile

Petit-Glaçon, l'enfant esquimau

Une très, très grosse colère

Un petit garçon trop pressé

À toi de jouer !

27

Anaël, la sorcière et le crocodile

Les danses du monde

salsa

capoeira

tango

De rage, elle marche à grandes enjambées sans rien voir ni entendre. La voilà au bord du fleuve ! Elle titube dans la boue, et plouf ! elle s'écroule dans l'eau.

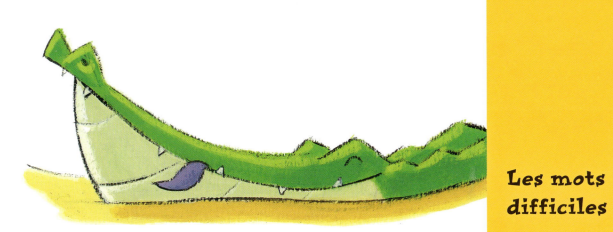

À ce moment-là, arrive un énorme crocodile. De sa terrible gueule qui coupe et qui claque, il croque et avale tout entière Braise d'Enfer, la sorcière.

Alors, tous les sorts qu'elle avait jetés disparaissent à jamais. Et Anaël, la jolie doudou, retrouve enfin sa taille.

Les mots difficiles

Rage :
très grosse colère.
De rage, la sorcière marche à grandes enjambées.

Tituber :
marcher en zigzag.
Braise d'Enfer titube dans la boue.

Anaël, la sorcière et le crocodile

Petit-Glaçon, l'enfant esquimau

Une très, très grosse colère

Un petit garçon trop pressé

À toi de jouer !

Anaël, la sorcière et le crocodile

Les sports du monde

lutte traditionnelle

cricket

course de dromadaires

Tranquillement,
elle reprend le chemin
de son village.
Et sur la route,
de tout son corps de miel,
elle chante et elle danse
et elle rit dans le soleil.

FIN

Anaël, la sorcière et le crocodile

Petit-Glaçon, l'enfant esquimau

Une très, très grosse colère

Un petit garçon trop pressé

À toi de jouer !

 Les illustrations des marges sont de Laurent Audouin.

Petit-Glaçon, l'enfant esquimau

GENEVIÈVE HURIET

PAWEL PAWLAK

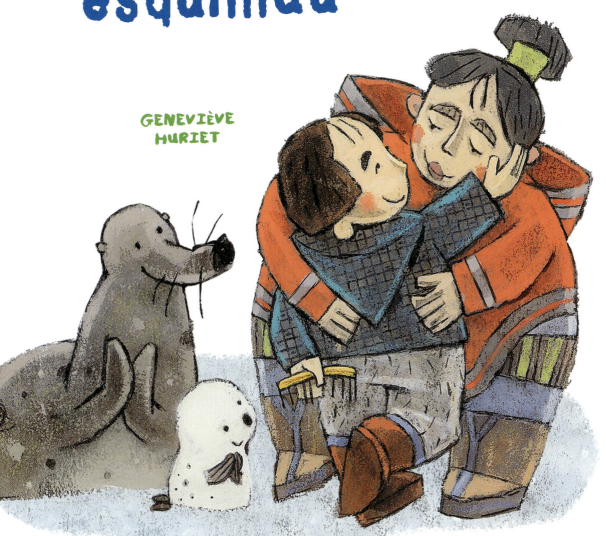

Anaël, la sorcière et le crocodile

Petit-Glaçon, l'enfant esquimau

Une très, très grosse colère

Un petit garçon trop pressé

À toi de jouer !

les personnages

Petit-Glaçon

Le papa de
Petit-Glaçon

La maman de
Petit-Glaçon

Le chef
du village

Les phoques

le lieu : la banquise

le genre : conte

Anaël, la sorcière et le crocodile

Petit-Glaçon, l'enfant esquimau

Une très, très grosse colère

Un petit garçon trop pressé

À toi de jouer !

Petit-Glaçon, l'enfant esquimau

Les décorations du corps

tatouage tribal

peintures guerrières

maquillage de fête

36

Chapitre 1

Loin, très loin d'ici était une banquise. Sur la banquise était un igloo. Et dans l'igloo vivaient Petit-Glaçon et ses parents.
Petit-Glaçon donnait bien du souci à son père. Il parlait, jouait comme les autres enfants. Mais il ne voulait pas chasser !

Les mots difficiles

Banquise :
grande étendue de glace que l'on trouve au pôle Nord et au pôle Sud.
Loin, très loin d'ici était une banquise.

Igloo :
maison de forme arrondie, construite avec des blocs de glace ou de neige.
Sur la banquise était un igloo.

Anaël, la sorcière et le crocodile

Petit-Glaçon, l'enfant esquimau

Une très, très grosse colère

Un petit garçon trop pressé

À toi de jouer !

Petit-Glaçon, l'enfant esquimau

Les vêtements traditionnels

pagne

djellaba

parka

sari

Tous les matins, son père lui disait :
— Tu m'as vu chasser cent fois ! Va, sois courageux. Rapporte-nous un beau phoque !
Alors tous les matins, Petit-Glaçon partait avec son harpon. Il partait à la chasse au phoque. Il partait pour être courageux comme son père ! Mais une fois sur la banquise, Petit-Glaçon s'asseyait sur la neige et se mettait à chanter.

Il chantait le vent, le ciel, les flocons.
Et il rentrait, sans le moindre morceau de phoque…

Les mots difficiles

Harpon : arme qui sert à chasser ou à pêcher.
Petit-Glaçon partait avec son harpon à la chasse au phoque.

Anaël, la sorcière et le crocodile

Petit-Glaçon, l'enfant esquimau

Une très, très grosse colère

Un petit garçon trop pressé

À toi de jouer !

Petit-Glaçon, l'enfant esquimau

Les magiciens du monde

chaman

marabout

sorcier vaudou

Un jour, le chef du village vint trouver le père de Petit-Glaçon :
– Il est temps que ton fils se mette à chasser ! Obligeons-le à vivre seul quelques jours : il sera bien forcé de chasser pour se nourrir !

En soupirant, le père accepta. Ils emmenèrent alors Petit-Glaçon loin, très loin sur la banquise.
– Chasse maintenant, si tu ne veux pas mourir de faim ! dit le chef.
Et ils partirent, laissant Petit-Glaçon tout seul.
– Bon courage, mon fils ! fit son père en s'éloignant.

Anaël, la sorcière et le crocodile

Petit-Glaçon, l'enfant esquimau

Une très, très grosse colère

Un petit garçon trop pressé

À toi de jouer !

Petit-Glaçon, l'enfant esquimau

Les musiques du monde

reggae

country

raï

Petit-Glaçon retint ses larmes. Il commença à bâtir un mur de neige pour se protéger du vent, en fredonnant un air triste.

Soudain, il s'aperçut qu'un gros phoque l'écoutait avec admiration.
– J'aime ta chanson, fit-il.

D'autres phoques vinrent écouter Petit-Glaçon. Pendant que le petit garçon chantait, ils lui bâtirent un igloo : c'était leur façon de lui dire merci.
Quand il fut fatigué, les phoques lui souhaitèrent bonne nuit :
– Repose-toi bien car demain nous t'apprendrons à pêcher.

Les mots difficiles

Fredonner : chanter à mi-voix, bouche fermée.
Petit-Glaçon commença à bâtir un mur de neige en fredonnant un air triste.

Anaël, la sorcière et le crocodile

Petit-Glaçon, l'enfant esquimau

Une très, très grosse colère

Un petit garçon trop pressé

À toi de jouer !

Petit-Glaçon, l'enfant esquimau

Les peuples du monde

Maoris
(Océanie)

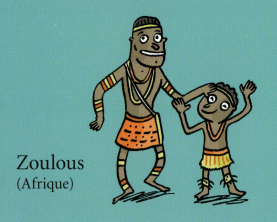

Zoulous
(Afrique)

Sioux
(Amérique)

44

Chapitre 2

Anaël, la sorcière et le crocodile

Petit-Glaçon, l'enfant esquimau

Une très, très grosse colère

Un petit garçon trop pressé

À toi de jouer !

Trois jours plus tard, les hommes vinrent voir si Petit-Glaçon avait bien chassé. Mais ils ne virent pas l'ombre d'un phoque ! Pas même le bout d'une moustache ! Le petit garçon chantait en préparant du poisson.

45

Petit-Glaçon, l'enfant esquimau

Les instruments de musique

cornemuse

didgeridoo

flûte de Pan

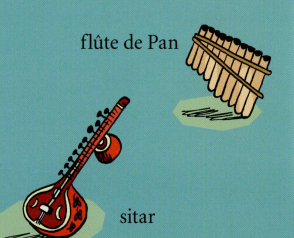
sitar

Le chef était rouge de colère :
– Il n'a pas chassé ! s'écria-t-il. C'est un **bon à rien !**

Le père du garçon n'était pas du tout d'accord :
– Il a su pêcher et se protéger du froid, protesta-t-il. C'est déjà bien ! Laissons-le revenir au village !

46

– Pas encore, dit le chef. Il doit devenir chasseur. Mettons-le plus longtemps à l'épreuve !
Et ils repartirent, laissant Petit-Glaçon loin, si loin sur la banquise.

Les mots difficiles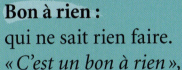

Bon à rien :
qui ne sait rien faire.
*« C'est un bon à rien »,
s'écria le chef.*

Mettre à l'épreuve :
tester.
*« Mettons-le plus longtemps à l'épreuve »,
dit le chef.*

47

Anaël, la sorcière et le crocodile

Petit-Glaçon, l'enfant esquimau

Une très, très grosse colère

Un petit garçon trop pressé

À toi de jouer !

Petit-Glaçon, l'enfant esquimau

Les objets magiques

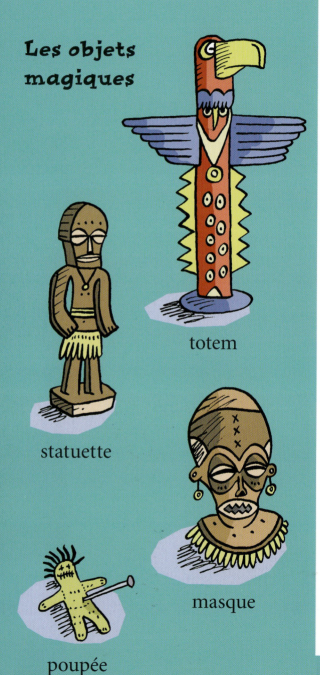

totem

statuette

masque

poupée

Petit-Glaçon resta seul avec ses amis les phoques. Ils lui conseillèrent de garder les arêtes de poissons et les os d'animaux pour faire des outils.

Lorsque les hommes revinrent, Petit-Glaçon avait fabriqué des dizaines de couteaux et d'aiguilles.
– Ramenons-le, dit le père de Petit-Glaçon. Il est habile de ses mains !

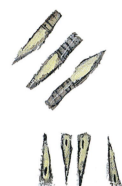

Mais le chef s'entêta :
– Pas question ! Nous partons chasser le renne pour deux lunes. S'il n'a pas tué de phoque pendant ce temps, il restera là définitivement !

Les mots difficiles

Habile : qui sait bien faire quelque chose.
« *Petit-Glaçon est habile de ses mains* », dit le père.

Renne : animal des pays froids qui ressemble à un cerf.
« *Nous partons chasser le renne* », dit le chef.

Petit-Glaçon, l'enfant esquimau

Les armes de chasse traditionnelles

arc
sarbacane

boomerang
lance

Deux lunes, c'est presque deux mois. C'est long, très long quand on est un petit garçon. La mère de Petit-Glaçon se faisait du souci. Elle décida d'aller le voir. Petit-Glaçon était fou de joie : il grilla pour elle son plus gros poisson et lui offrit un beau peigne en os.

À partir de ce jour-là, Petit-Glaçon
eut souvent des visites :
les femmes et les enfants
lui apportaient
des moufles…

… des chaussons…

… un bonnet…

… et ils repartaient avec
les objets qu'il fabriquait.

Les mots difficiles

Se faire du souci : s'inquiéter.
La mère de Petit-Glaçon se faisait du souci.

Anaël, la sorcière et le crocodile

Petit-Glaçon, l'enfant esquimau

Une très, très grosse colère

Un petit garçon trop pressé

À toi de jouer !

Petit-Glaçon, l'enfant esquimau

Sur la tête

sombrero mexicain

ushanka russe

chèche touareg

bonnet péruvien

52

Chapitre 3

Une nuit, les chasseurs rentrèrent mécontents : ils ramenaient très peu de rennes. Chacun en voulait la plus grosse part, et ce fut vite la bagarre ! Pendant que les hommes se battaient, les chiens dévorèrent tout le gibier. Au matin il n'y avait plus rien à manger…

Les mots difficiles

Gibier :
animaux que l'on chasse pour manger.
Les chiens dévorèrent tout le gibier.

Anaël, la sorcière et le crocodile

Petit-Glaçon, l'enfant esquimau

Une très, très grosse colère

Un petit garçon trop pressé

À toi de jouer !

Petit-Glaçon, l'enfant esquimau

Les fêtes du monde

carnaval de Rio

Nouvel An chinois

Halloween

– Comment va-t-on se nourrir ? s'écrièrent les femmes.

– Si on demandait à Petit-Glaçon, il a peut-être du poisson ? dit une voix d'enfant.

Les femmes partirent aussitôt et revinrent avec de quoi dîner.

54

Le lendemain, Petit-Glaçon arriva en poussant des montagnes de poissons dans un traîneau de sa fabrication.

Puis il se mit à chanter : des airs gais, des airs tristes, des chansons de neige et de vent.
Les hommes qui boudaient encore se mirent à fredonner… Et tout le monde finit par se réconcilier.

Les mots difficiles

Se réconcilier : ne plus être fâché. *Tout le monde finit par se réconcilier.*

Anaël, la sorcière et le crocodile

Petit-Glaçon, l'enfant esquimau

Une très, très grosse colère

Un petit garçon trop pressé

À toi de jouer !

Petit-Glaçon, l'enfant esquimau

Les plats typiques

couscous

chili con carne

pizza

sushis

Le chef s'adressa à tous :
– Petit-Glaçon peut rester parmi nous !
Il a fait ses preuves.
Les parents de Petit-Glaçon étaient fiers, très fiers : les plus fiers de la banquise !
Petit-Glaçon secoua la tête :
– Je veux garder mon igloo là-bas, mais je reviendrai très souvent, c'est promis…
Petit-Glaçon embrassa tendrement ses parents.
Puis il s'éloigna, en fredonnant une chanson d'amour et de joie.

56

Les mots difficiles

Faire ses preuves : montrer que l'on est capable.
« *Petit-Glaçon a fait ses preuves* », *dit le chef.*

FIN

57

Anaël, la sorcière et le crocodile

Petit-Glaçon, l'enfant esquimau

Une très, très grosse colère

Un petit garçon trop pressé

À toi de jouer !

 Les illustrations des marges sont de Laurent Audouin.

Une très, très grosse colère

AGNÈS
BERTRON-MARTIN

GILLES
FRÉLY

Anaël, la sorcière et le crocodile

Petit-Glaçon, l'enfant esquimau

Une très, très grosse colère

Un petit garçon trop pressé

À toi de jouer !

les personnages

L'enfant

Le père de l'enfant

Le maître d'école

Le chef du village

La mère de l'enfant

La petite fille

Le singe

le lieu : l'Amazonie

le genre : conte

Anaël, la sorcière et le crocodile

Petit-Glaçon, l'enfant esquimau

Une très, très grosse colère

Un petit garçon trop pressé

À toi de jouer !

Une très, très grosse colère

Les danses du monde

flamenco

samba

zouk

62

Chapitre 1

Dans un pays de fleurs et de fruits, près de la grande forêt d'Amazonie, se trouve un village tout en bois.
Dans ce village vit un enfant méchant qui fait des colères de géant.

Les mots difficiles

Amazonie : région de l'Amérique du Sud.
Près de la grande forêt d'Amazonie, se trouve un village tout en bois.

Anaël, la sorcière et le crocodile

Petit-Glaçon, l'enfant esquimau

Une très, très grosse colère

Un petit garçon trop pressé

À toi de jouer !

Une très, très grosse colère

Les paysages du monde

désert de sable

banquise

jungle

Quand il n'est pas content, il crie :

— AHAHAHAH!

il tape des pieds :

PAN! PAN! PAN!

il fait des grimaces de sorcier :

— BOUUUHHH!

Alors tout le monde se met à trembler.

Sa mère se cache :
– Pitié !

Et son père claque des dents :
– Pipipipitié !

Quand l'enfant reprend son souffle, on lui donne vite ce qu'il veut pour qu'il ne se mette plus en colère.

Les mots difficiles

Sorcier : magicien méchant. *L'enfant fait des grimaces de sorcier.*

Anaël, la sorcière et le crocodile

Petit-Glaçon, l'enfant esquimau

Une très, très grosse colère

Un petit garçon trop pressé

À toi de jouer !

Une très, très grosse colère

Dormir

sur un matelas

dans un hamac

sur une natte

dans le dos

Un jour, il fait une très grosse colère.
Vraiment trop grosse.

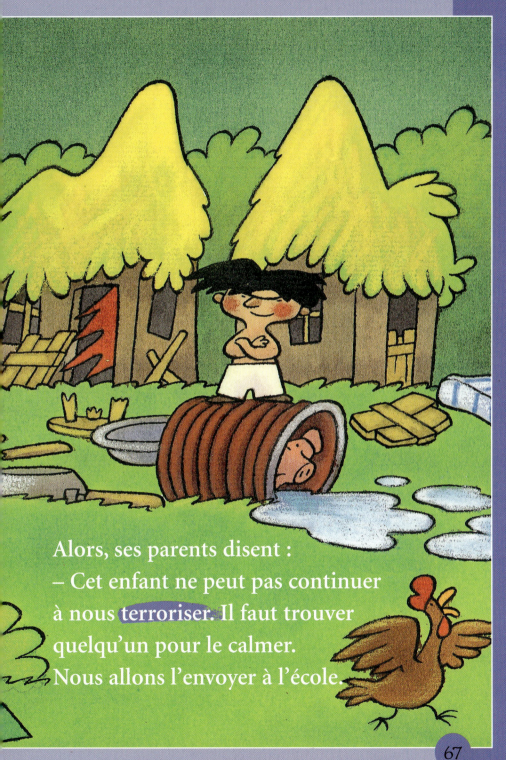

Alors, ses parents disent :
– Cet enfant ne peut pas continuer à nous terroriser. Il faut trouver quelqu'un pour le calmer. Nous allons l'envoyer à l'école.

Les mots difficiles

Terroriser : faire très, très peur.
L'enfant terrorise ses parents.

Anaël, la sorcière et le crocodile

Petit-Glaçon, l'enfant esquimau

Une très, très grosse colère

Un petit garçon trop pressé

À toi de jouer !

Une très, très grosse colère

Dire bonjour dans le monde

au Japon

en Inde

au Maghreb

Chapitre 2

L'enfant s'installe dans la classe quand, soudain, il voit un collier de coquillages autour du cou du maître. Il veut le collier. Alors il se met à hurler :
– AHAHAHAH!...

Anaël, la sorcière et le crocodile

Petit-Glaçon, l'enfant esquimau

Une très, très grosse colère

Un petit garçon trop pressé

À toi de jouer !

Une très, très grosse colère

Les ustensiles de cuisine

calebasse

tajine

wok

couscoussier

… et à taper des pieds.

PAN! PAN! PAN!

Les murs tremblent.
Les élèves se cachent
sous les tables et le maître claque
des dents :
— Pipipipipitiéééééé !

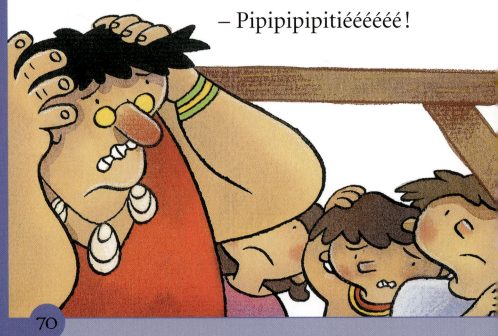

70

Quand, enfin, l'enfant se tait,
le maître lui dit :
– Tiens, voilà le collier, mais par
pipipipipitié ne recommence pas
à crier !

Une très, très grosse colère

Les créatures fantastiques

dragon d'Asie

yeti de l'Himalaya

monstre du loch Ness

Cette colère est vraiment très, très grosse. Ses parents disent :
– Cela ne peut pas continuer !
Il faut trouver quelqu'un d'autre pour le calmer.

Ils l'envoient chez le chef du village car c'est un homme plein d'autorité. Mais pendant que le chef lui parle, l'enfant remarque un tam-tam sculpté.

Il veut le tam-tam !
Alors il se met à gesticuler,
il fait des grimaces si épouvantables
que le chef du village devient blanc
de peur.

– BOOOUUUH !

Les mots difficiles

Autorité :
pouvoir de commander,
de se faire obéir.
Le chef du village est un homme plein d'autorité.

Tam-tam :
sorte de tambour.
L'enfant remarque un tam-tam sculpté.

Gesticuler :
bouger les bras
et les jambes
dans tous les sens.
L'enfant se met à gesticuler.

Anaël, la sorcière et le crocodile

Petit-Glaçon, l'enfant esquimau

Une très, très grosse colère

Un petit garçon trop pressé

À toi de jouer !

Une très, très grosse colère

Se soigner

mélange de plantes

massage

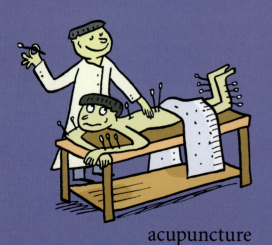

acupuncture

Quand l'enfant cesse de gigoter, le chef du village lui dit :

– Prends ce tam-tam et VA-VA-VA-VA-T'EN !

L'enfant rentre chez lui
avec le tam-tam dans les bras.
Tout le monde a peur de ses colères,
il est très fier.

Les mots difficiles

Cesser :
arrêter.
L'enfant cesse de gigoter.

Anaël, la sorcière et le crocodile

Petit-Glaçon, l'enfant esquimau

Une très, très grosse colère

Un petit garçon trop pressé

À toi de jouer !

Une très, très grosse colère

Les bateaux traditionnels

pirogue

gondole

jonque

canoë

Chapitre 3

Un jour, une petite fille arrive d'un village voisin.
Elle a un singe sur son épaule.
L'enfant voit le singe et il se dit :
« Je veux ce singe. Je vais crier, la petite fille aura peur et elle me le donnera ! »
L'enfant se met à hurler :
– **AHAHAHA !**

Anaël, la sorcière et le crocodile

Petit-Glaçon, l'enfant esquimau

Une très, très grosse colère

Un petit garçon trop pressé

À toi de jouer !

Une très, très grosse colère

Les chaussures typiques

babouches

santiags
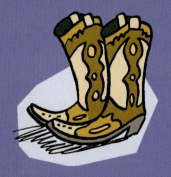

geta
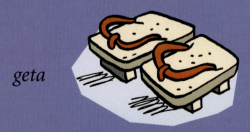

Mais c'est le singe qui est terrifié. Il se sauve dans la forêt. Et la petite fille se met à pleurer.
– Tiens, c'est étrange, dit l'enfant, tu pleures quand tu as peur ? Mon père claque des dents,

 le maître tremble,

le chef devient tout blanc.

Mais c'est la première fois que quelqu'un pleure parce qu'il a peur de moi !

La petite fille répond :
– Je n'ai pas peur de toi ! Effrayer un singe, c'est facile ! Mais l'apprivoiser, c'est si difficile ! Je pleure parce que je ne reverrai plus mon singe !

L'enfant réfléchit, puis il court vers la forêt pour rattraper le singe.

Les mots difficiles

Apprivoiser : rendre moins sauvage. « Apprivoiser un singe, c'est si difficile ! » répond la petite fille.

Anaël, la sorcière et le crocodile

Petit-Glaçon, l'enfant esquimau

Une très, très grosse colère

Un petit garçon trop pressé

À toi de jouer !

Une très, très grosse colère

Les arbres du monde

palmier

baobab

bonsaï

Quand il l'aperçoit, il tape des pieds et il crie pour l'impressionner :
– Singe, viens ici, ou je fais une horrible grimace de sorcier !
Le singe a si peur qu'il grimpe en haut d'un bananier.

Alors, tout doucement, pour le rassurer, l'enfant s'approche sur la pointe des pieds.
Il dit des mots caressants.
Il fait des sourires et des clins d'œil.

Les mots difficiles

Impressionner :
ici, faire peur.
L'enfant crie pour impressionner le singe.

Bananier :
arbre qui donne les bananes.
Le singe grimpe en haut d'un bananier.

Rassurer :
calmer pour ne plus avoir peur.
Pour rassurer le singe, l'enfant s'approche sur la pointe des pieds.

Anaël, la sorcière et le crocodile

Petit-Glaçon, l'enfant esquimau

Une très, très grosse colère

Un petit garçon trop pressé

À toi de jouer !

Une très, très grosse colère

Les fêtes préférées des enfants

Noël

Befana (Italie)

Saint-Nicolas (Europe)

Cela dure longtemps, longtemps. Quand le singe descend du bananier, il fait déjà nuit.

L'enfant le ramène précieusement à la petite fille qui, rien qu'avec des larmes, a fait de lui un enfant très doux, un enfant très patient...
... enfin, de temps en temps.

Les mots difficiles

Patient :
qui sait attendre calmement.
La petite fille a fait de lui un enfant très patient.

FIN

Anaël, la sorcière et le crocodile

Petit-Glaçon, l'enfant esquimau

Une très, très grosse colère

Un petit garçon trop pressé

À toi de jouer !

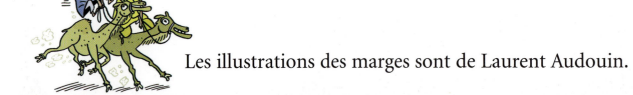
Les illustrations des marges sont de Laurent Audouin.

Un petit garçon trop pressé

PAWEL PAWLAK

MÉLI MARLO
ERNEST AHIPPAH

Anaël, la sorcière et le crocodile

Petit-Glaçon, l'enfant esquimau

Une très, très grosse colère

Un petit garçon trop pressé

À toi de jouer !

les personnages

Yaya

Papa Noco

Maman Yacé

L'antilope

Le mille-pattes

le lieu : l'Afrique

le genre : conte

Anaël, la sorcière et le crocodile

Petit-Glaçon, l'enfant esquimau

Une très, très grosse colère

Un petit garçon trop pressé

À toi de jouer !

Un petit garçon trop pressé

Les peuples du monde

Inuits
(pôle Nord)

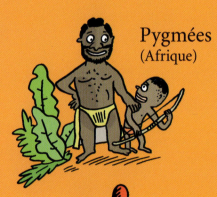
Pygmées
(Afrique)

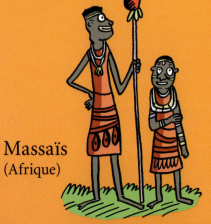
Massaïs
(Afrique)

88

Chapitre 1

– Papa, Papa, emmène-moi avec toi, supplie Yaya.
– Non, répond Papa Noco, tu n'es pas assez grand pour traverser la forêt.

Les mots difficiles

Supplier : demander avec insistance.
« *Papa, emmène-moi avec toi* », supplie Yaya.

Anaël, la sorcière et le crocodile

Petit-Glaçon, l'enfant esquimau

Une très, très grosse colère

Un petit garçon trop pressé

À toi de jouer !

Un petit garçon trop pressé

Les jeux du monde

awalé africain

dames chinoises

mikado asiatique

origami japonais

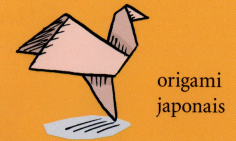

– Je suis assez grand ! affirme Yaya en croisant les bras.

– Allons, Yaya, ne sois pas si pressé, dit Papa Noco en s'éloignant vers la forêt.
Et Papa s'en va. Il disparaît dans la forêt pour rejoindre les plantations de cacao.

Yaya tape du pied.
Yaya est impatient
d'être grand.
– Je vais suivre Papa,
décide-t-il. Comme ça,
il verra que je suis assez grand.

Yaya jette un coup
d'œil derrière lui.
Maman Yacé
est partie chercher
de l'eau.
Yaya s'enfonce
à son tour entre
les arbres.
Il est fier.

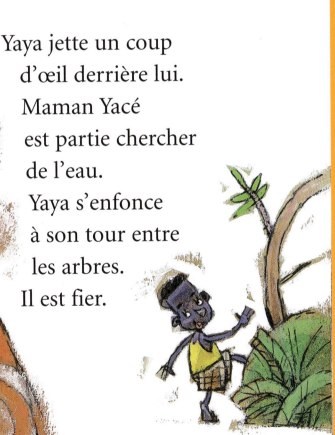

Les mots difficiles

Affirmer :
dire de façon très ferme.
*« Je suis assez grand ! »
affirme Yaya.*

Plantations :
terrain, champ où on
plante quelque chose.
*Papa Noco disparaît
dans la forêt pour
rejoindre les plantations
de cacao.*

Cacao :
graine à partir
de laquelle on fait
du chocolat.
Les plantations de cacao.

91

Anaël, la sorcière et le crocodile

Petit-Glaçon, l'enfant esquimau

Une très, très grosse colère

Un petit garçon trop pressé

À toi de jouer !

Un petit garçon trop pressé

Les instruments de musique

tam-tam

castagnettes

gong

guimbarde

Au-dessus de la forêt, le soleil monte, monte dans le ciel.

– Il y a trop de feuilles ici, on n'y voit rien ! Comment savoir quel chemin a pris Papa Noco ? Les arbres sont grands. Plus grands que Yaya. Plus grands que Papa Noco.

Yaya est perdu.
À droite, à gauche, la forêt est toute sombre.
– Je suis perduuuu ! pleure Yaya.

Au-dessus des arbres, le soleil monte, monte dans le ciel.
Et tout à coup :
– Ouuu... Ouuu !

Les mots difficiles

Sombre : pas clair.
La forêt est toute sombre.

Anaël, la sorcière et le crocodile

Petit-Glaçon, l'enfant esquimau

Une très, très grosse colère

Un petit garçon trop pressé

À toi de jouer !

Un petit garçon trop pressé

Les plats étonnants

chenilles et termites grillés
(Afrique centrale)

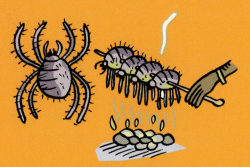

araignées rôties
(Laos)

sauterelles grillées au piment
(Sahara)

94

Chapitre 2

– Ouuu… Ouuu !
Yaya se redresse.
C'est peut-être Maman
Yacé qui le cherche.
Il court droit devant lui.
Mais les arbres sont
de plus en plus grands,
la forêt de plus
en plus sombre.

Les mots difficiles

Se redresser :
se relever.
Yaya se redresse.

Anaël, la sorcière et le crocodile

Petit-Glaçon, l'enfant esquimau

Une très, très grosse colère

Un petit garçon trop pressé

À toi de jouer !

Un petit garçon trop pressé

Les danses du monde

orientale

africaine

tahitienne

– Ouuu… Ouuu ! fait un toucan en s'envolant.

Épuisé, Yaya s'assoit au pied d'un grand baobab. Un petit vent fait bouger doucement les branches. Yaya s'aperçoit qu'elles sont couvertes de jolis anneaux rouge et noir.

Un des anneaux se décroche et tombe à ses pieds.
Yaya le prend dans sa main.
L'anneau se déroule :
c'est un joli mille-pattes.

— Je peux te conduire à ton père, dit-il d'une toute petite voix.
— C'est toi qui as parlé ? demande Yaya, tout étonné.
— Si tu me poses par terre, continue le mille-pattes, je te montrerai le chemin.

Les mots difficiles

Toucan :
oiseau très coloré avec un très gros bec.
« Ouu… Ouu ! » fait un toucan en s'envolant.

Baobab :
très gros arbre d'Afrique.
Yaya s'assoit au pied d'un baobab.

Mille-pattes :
petite bête possédant de nombreuses pattes.
C'est un joli mille-pattes.

Anaël, la sorcière et le crocodile

Petit-Glaçon, l'enfant esquimau

Une très, très grosse colère

Un petit garçon trop pressé

À toi de jouer !

Un petit garçon trop pressé

Les transports traditionnels

pousse-pousse

taxi collectif

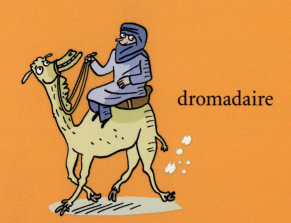
dromadaire

Yaya pose le mille-pattes par terre et, à quatre pattes, il le suit. Mais le mille-pattes est lent. Trop lent. Yaya est impatient. Au-dessus de la forêt, le soleil monte, monte dans le ciel.

Du bout du doigt, Yaya pousse le mille-pattes pour le faire avancer plus vite. Immédiatement, le petit animal s'enroule sur lui-même.

Yaya, fâché, le ramasse et l'enfile à son doigt comme une bague.
– Tu n'es vraiment bon qu'à ça ! soupire-t-il.
– Je suis bien d'accord avec toi, ajoute une voix dans le buisson.
Yaya se retourne. Une antilope le regarde de ses grands yeux.

Les mots difficiles

Antilope :
animal très rapide qui ressemble à un cerf.
Une antilope regarde Yaya de ses grands yeux.

Anaël, la sorcière et le crocodile

Petit-Glaçon, l'enfant esquimau

Une très, très grosse colère

Un petit garçon trop pressé

À toi de jouer !

Un petit garçon trop pressé

Les sports du monde

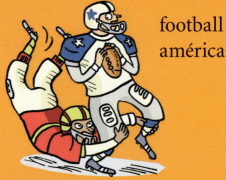
football américain

course de traîneaux

sumo

Chapitre 3

– Je dois rejoindre les plantations de cacao, dit Yaya, et je suis pressé.
– Rien de plus facile, dit l'antilope, je suis l'animal le plus rapide de la forêt. Suis-moi.

Anaël, la sorcière et le crocodile

Petit-Glaçon, l'enfant esquimau

Une très, très grosse colère

Un petit garçon trop pressé

À toi de jouer !

Un petit garçon trop pressé

Les paysages du monde

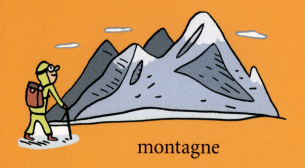
montagne

île

désert rocheux

L'antilope part au triple galop.
Yaya court, il tire la langue,
il écarte les grandes feuilles
qui barrent son chemin. Il saute
par-dessus les troncs d'arbres…
– Hé ! Attends-moi ! crie-t-il
à l'antilope.

Mais l'antilope n'entend pas.
Chaque bond l'éloigne un peu plus.
Au-dessus de la forêt, le soleil monte,
monte dans le ciel. L'antilope disparaît
derrière les arbres.

Les mots difficiles

Triple galop : très, très vite.
L'antilope part au triple galop.

Anaël, la sorcière et le crocodile

Petit-Glaçon, l'enfant esquimau

Une très, très grosse colère

Un petit garçon trop pressé

À toi de jouer !

Un petit garçon trop pressé

Les bijoux du monde

collier de fleurs

bracelet de coquillages

collier de perles

bague en argent

Épuisé, Yaya s'assoit par terre.
De grosses larmes coulent
sur ses joues.
– Papa avait raison,
je suis toujours
trop pressé.

Yaya est désespéré.
Yaya est fatigué.

Alors, quelque chose
lui chatouille le doigt.
Le mille-pattes se déroule
et tombe sur le sol.

104

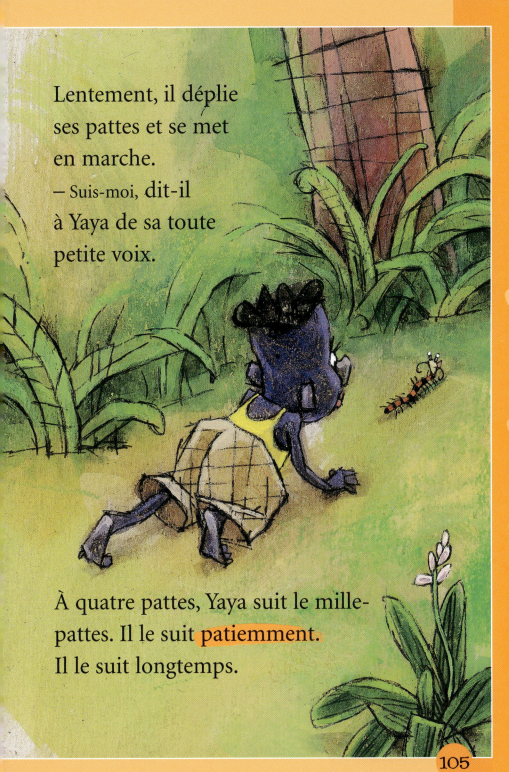

Lentement, il déplie ses pattes et se met en marche.
— Suis-moi, dit-il à Yaya de sa toute petite voix.

À quatre pattes, Yaya suit le mille-pattes. Il le suit patiemment. Il le suit longtemps.

105

Les mots difficiles

Épuisé :
très fatigué.
Épuisé, Yaya s'assoit par terre.

Désespéré :
très, très triste.
Yaya est désespéré.

Patiemment :
avec patience.
Yaya le suit patiemment.

Anaël, la sorcière et le crocodile

Petit-Glaçon, l'enfant esquimau

Une très, très grosse colère

Un petit garçon trop pressé

À toi de jouer !

Un petit garçon trop pressé

Les vêtements traditionnels

boubou

kimono

paréo

poncho

Au-dessus de la forêt, le soleil est monté tout en haut du ciel. Ses rayons réchauffent les plantations de cacao.
– **Yaya !** s'écrie Papa Noco. Tu as réussi à venir jusqu'ici ! Mon fils est devenu un homme sans que je m'en aperçoive !

– C'est vrai, dit Yaya, en gonflant la poitrine.

– Mais Maman Yacé va s'inquiéter, reprend Papa Noco, alors maintenant que tu sais traverser la forêt, dépêche-toi de rentrer.

Yaya regarde autour de lui.
Le mille-pattes est parti.

Les mots difficiles

Poitrine :
partie du corps entre le cou et le ventre.
Yaya gonfle la poitrine.

Anaël, la sorcière et le crocodile

Petit-Glaçon, l'enfant esquimau

Une très, très grosse colère

Un petit garçon trop pressé

À toi de jouer !

Un petit garçon trop pressé

Les porte-bonheur

gri-gri

main de Fatima

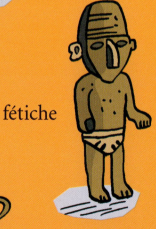
fétiche

talisman

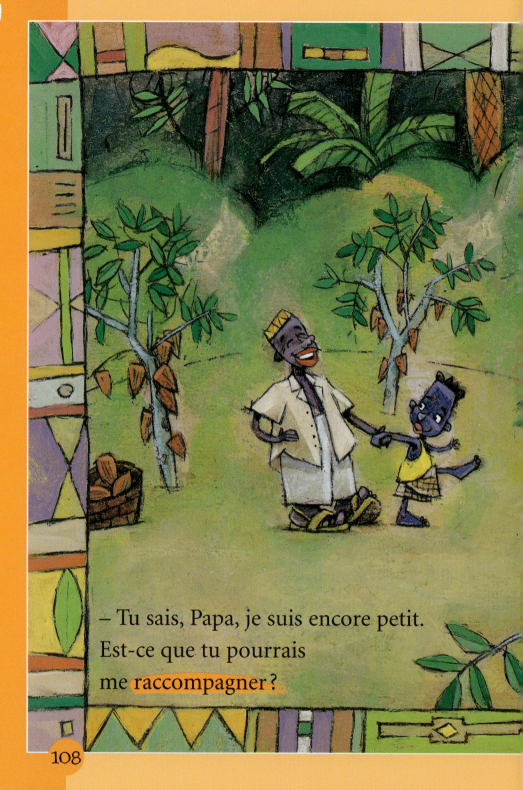

– Tu sais, Papa, je suis encore petit. Est-ce que tu pourrais me raccompagner ?

Les mots difficiles

Raccompagner : faire le chemin ensemble pour rentrer. *« Est-ce que tu pourrais me raccompagner ? »*

FIN

Anaël, la sorcière et le crocodile

Petit-Glaçon, l'enfant esquimau

Une très, très grosse colère

Un petit garçon trop pressé

À toi de jouer !

Coutumes d'ici et d'ailleurs

Il existe des traditions et des modes de vie différents dans le monde. Choisis la bonne réponse.

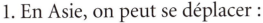

1. En Asie, on peut se déplacer :
   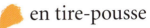 en tire-pousse   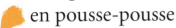 en pousse-pousse

2. En Amérique, on mange avec :
    des couverts   les pieds

3. La ville de Rio est connue pour une fête grandiose :
    le carnaval   Befana

4. Aux Antilles, la danse la plus populaire est :
    le zouk   le bachi-bouzouk

5. Dans certains pays chauds, on porte encore un vêtement traditionnel :
   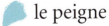 le peigne   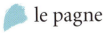 le pagne

6. Au Groenland, on organise des courses :
   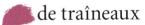 de traîneaux    de sumos

À toi de jouer !

Festival de musique

Des enfants de tous les continents se retrouvent pour jouer de la musique ensemble. Observe les 2 images et trouve les 7 différences.

112

À toi de jouer !

Quiz du monde

Sais-tu vraiment comment vivent les enfants dans les autres pays ? Comment s'habillent-ils ? À quoi jouent-ils ? Connais-tu leurs loisirs ? Pour le savoir, réponds à ce quiz.

1. Dans quel pays porte-t-on traditionnellement un sombrero ?
   a. au Mexique
   b. en Russie
   c. au Japon

2. Quelle créature de l'Himalaya fait peur aux enfants d'Asie ?
   a. le yeto
   b. le yeti
   c. le yeta

3. Qui sont les Sioux ?
   a.    b.

4. Sur quel continent les enfants jouent-ils à l'awalé depuis des siècles ?
   a. en Asie
   b. en Amérique
   c. en Afrique

5. Quelle est la fête préférée des enfants dans certains pays d'Europe ?
   a. la Saint-Nicolas
   b. la Saint-Laurent
   c. la Saint-Glinglin

Mode exotique

Voici des vêtements et des accessoires du monde entier.
Comment s'appellent-ils ?

poncho ou paréo ?

babouches ou boubou ?

pagne ou parka ?

santiags ou sari ?

chèche ou ushanka ?

À toi de jouer!

Peuples du monde

Associe chaque illustration au nom de peuple qui lui correspond.

Aborigènes   **Massaïs**   **Inuits**   **Touaregs**

Maisons d'ailleurs

Retrouve l'ombre de la case, de la yourte, de l'igloo et du tipi.

Solutions des jeux

p. 111 : Coutumes d'ici et d'ailleurs
1. en pousse-pousse
2. des couverts
3. le carnaval
4. le zouk
5. le pagne
6. de traîneaux

p. 112-113 : Festival de musique

p. 114 : Quiz du monde

1. a   2. b   3. a   4. c   5. a

p. 115 : Mode exotique

Les bonnes réponses sont : paréo, babouche, parka, santiags et ushanka.

p. 116 : Peuples du monde

Aborigènes

Massaïs

Touaregs

Inuits

p. 117 : Maisons d'ailleurs

1  case

2  tipi

3  yourte

4  igloo

Dans la même collection :

Histoires de sorcières
pour apprendre à lire

Histoires de maîtresses
pour apprendre à lire

Histoires de monstres
pour apprendre à lire

Il existe un livre de chacune de ces histoires dans la collection Milan Poche Benjamin :
Anaël, la Sorcière et le Crocodile (n° 35) © Éditions Milan, 2001
Petit-Glaçon, l'enfant esquimau (n° 38) © Éditions Milan, 2002
Une très, très grosse colère (n° 29) © Éditions Milan, 2001
Un petit garçon trop pressé (n° 34) © Éditions Milan, 2001

Cet ouvrage a été réalisé par les Éditions Milan
avec la collaboration de Cécile Benoist.
Maquette : Bruno Douin (couverture)
et Catherine Duguet (intérieur)

© 2007 Éditions Milan, pour la présente édition.
300, rue Léon-Joulin, 31101 Toulouse Cedex 9 – France
Loi 49.956 du 16.07.1949 sur les publications destinées à la jeunesse.
Dépôt légal : 4e trimestre 2008
ISBN : 978-2-7459-2773-6
Achevé d'imprimer en France par Pollina - N° L48080
www.editionsmilan.com